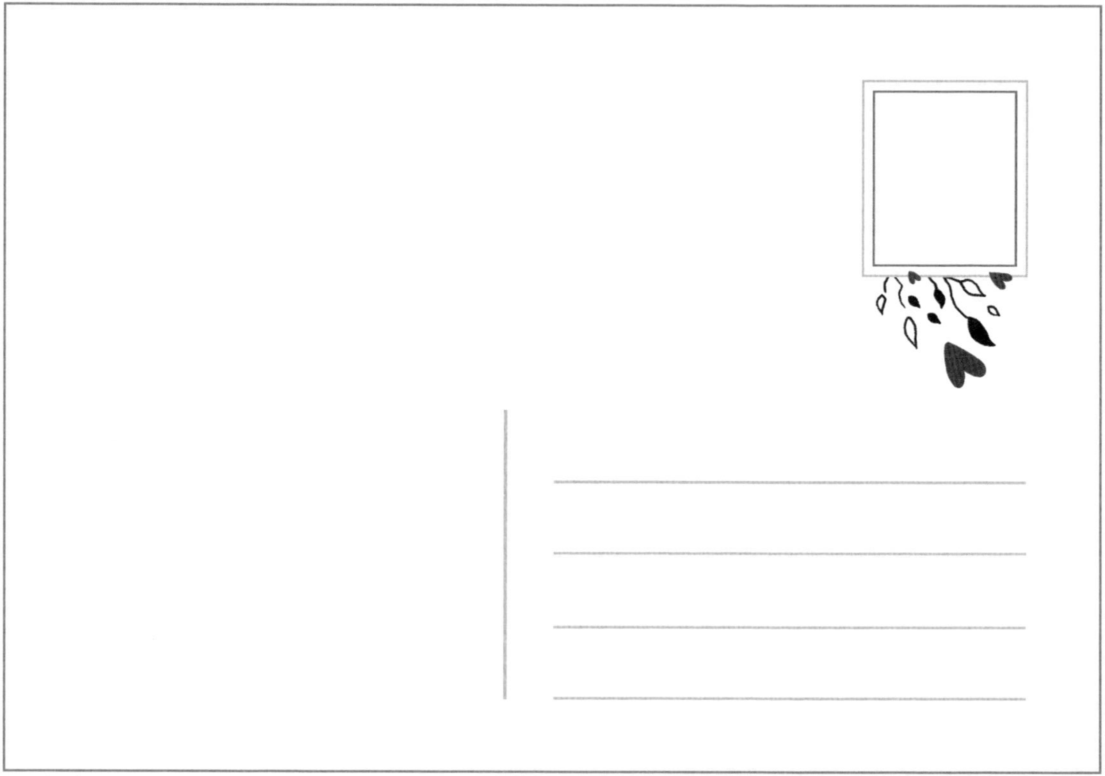

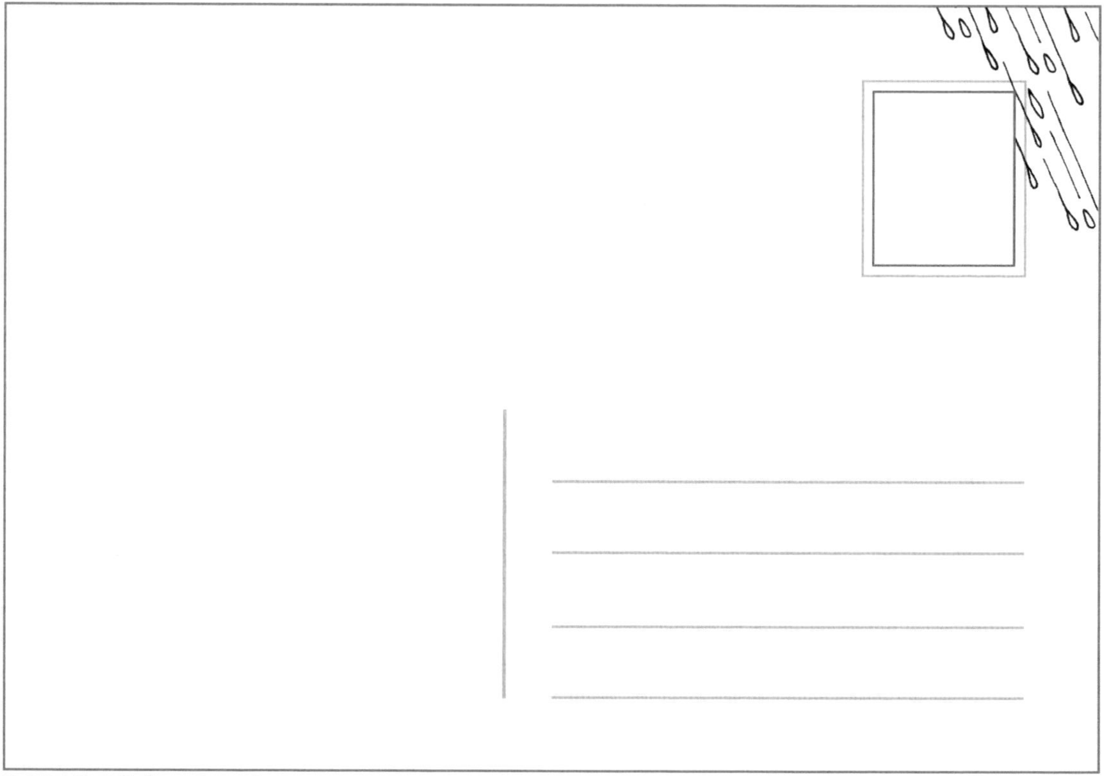

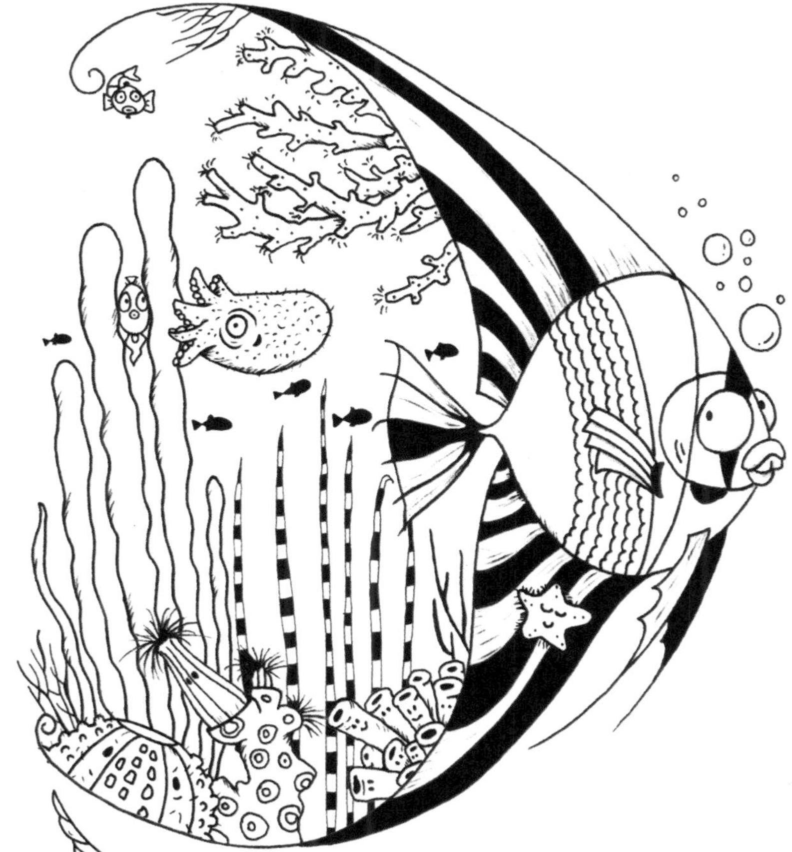

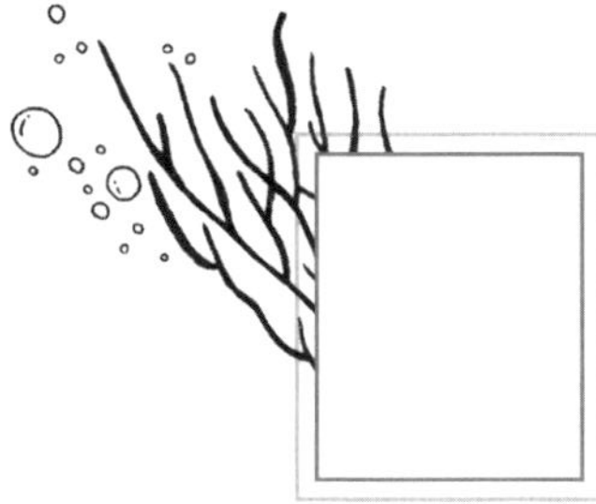

ZZZ

Muzi Uçuk Kaçık Bir Boyama Serüveni

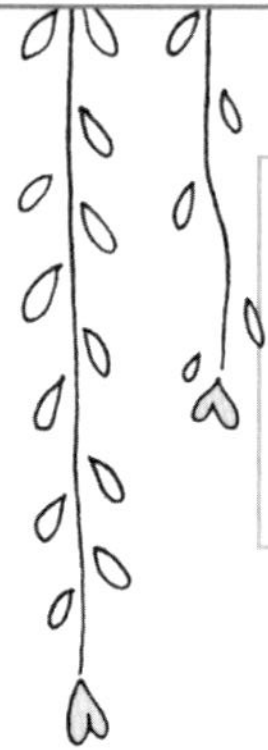